MON RAPPORT DE STAGE

Ce livre appartient à ;

....

....

Date ;

....

Objectifs ;

....

....

....

....

....

....

....

....

Objectifs ;

....

....

....

....

....

....

....

....

Printed in France by Amazon
Brétigny-sur-Orge, FR